GROUPE D'INDIGÈNES VÉNÉZUÉLIENS.

L'AVENIR DU VÉNÉZUÉLA

I

Il y aurait un travail d'ensemble utile à faire sur la part qui revient à la France, au cours de ce siècle, dans le redressement des erreurs géographiques et dans la révélation des sources de richesses naturelles dont la mise en exploitation a contribué au développement général de la vie économique en favorisant l'essor du commerce et de l'industrie, ces deux puissants facteurs de l'évolution sociale. Les explorations dues à des Français, au Vénézuéla, fournissent à cet égard des données du plus grand intérêt. Les noms de Jules Crevaux, de Truchon, de Chaffanjon et Morizot, entre autres, rappellent des services considérables rendus à la science par nos compatriotes, des bienfaits dont ils furent les auteurs, et qui ne cesseront d'avoir leur répercussion dans le mouvement des importations et exportations vénézuéliennes. C'est, en effet, grâce à ces voyageurs français que s'ouvrirent les régions, inconnues avant eux, du bassin de l'Orénoque, que les rivières traversant ce pays si fertile furent relevées et que de nouveaux produits forestiers ou agricoles entrèrent dans la consommation. Ces « conquérants de la terre par la volonté, le savoir et l'humanité », comme on les a si justement appelés, transformèrent par leurs découvertes la partie septentrionale de l'Amérique du Sud et y frayèrent des voies de communication où se sont plantés les jalons des entreprises créées au profit de la civilisation. On oublie trop coupablement quelle fut leur œuvre toute de dévouement et combien ils ont de titres à la reconnaissance universelle.

Jules Crevaux, un Lorrain du village de Lorquin, dans la Meurthe, avait vingt-quatre ans lorsque son berceau natal fut livré, par le traité de Francfort, à l'Allemagne victorieuse. Entré dans la marine en 1868, comme aide-médecin, et revenu de Guyane en 1870 pour faire son devoir patriotique, il avait, après de brillants exploits pendant la guerre, parcouru de nouveau nos possessions guyanaises, ainsi que le Brésil et la République Argentine. Chargé en 1876, par le ministre de l'Agriculture, d'une mission officielle qui devait partir de Cayenne, remonter le Maroni, franchir les monts Tumucu-Humac, où aucun Européen n'avait encore mis le pied, et descendre le Yari, affluent de l'Amazone, les résultats de son expédition, qui lui valut la médaille d'or de la Société de géographie de France en 1880, venaient de le signaler à l'admiration du monde civilisé, lorsque, sans prendre de repos, il repartit pour suivre dans toute sa longueur le Guyabero ou Guaviare, un des affluents du haut Orénoque. Cette tentative audacieuse fut couronnée de succès. Le vaillant explorateur serait sans doute revenu au milieu de ces populations d'Indiens, dont il avait étudié les mœurs avec tant de sagace observation, si, en 1882, il n'était tombé sous les coups des naturels Tobas, du désert du Grand-Chaco.

Deux ans après, M. Chaffanjon partit pour l'Orénoque sous les auspices du ministre de l'Instruction publique. Son séjour parmi les Guaraunos lui permit de recueillir d'importants renseignements sur toute la contrée ignorée jusqu'à ce moment. Il y revint, accompagné de M. Morizot, jeune peintre lyonnais. Leur objectif était de découvrir l'Orénoque inconnu. Ils choisirent pour point de départ le village de San-Fernando, au confluent de l'Orénoque et du Guaviare, ou plus exactement à l'endroit où ce dernier, très boueux, reçoit les eaux limpides de l'Atabapo, les trois rivières baignant une sorte de presqu'île. La vallée de l'Atabapo est habitée par les Banivas, race indienne, robuste, laborieuse, s'adonnant à la chasse, à la pêche, à la navigation et au commerce. Ces Banivas apprirent aux deux Français que, bien des années auparavant, un homme blanc, un Français aussi, originaire du Para, était arrivé à San-Fernando, et que son nom y restait populaire. Il avait enseigné aux naturels quel parti avantageux on pouvait tirer des arbres à caoutchouc. Sous sa direction, ils s'étaient appliqués à ce travail productif, explorant les forêts, y traçant des chemins, incisant les arbres, pour en faire couler le lait dans des godets faits de feuilles tressées, et coaguler, durcir ensuite ce lait, par des procédés primitifs. Ils étaient ainsi parvenus à faire pratiquement la récolte du caoutchouc, et avaient transporté cette substance sur le marché de Demerari, où l'industrie, qui ne tarda pas à l'utiliser en abondance, la payait cher.

San-Fernando était bientôt devenu un centre et un dépôt des *Cahucheros*. Cependant, l'activité de ceux-ci ne s'étendait pas bien loin, comme MM. Chaffanjon et Morizot purent le constater en poursuivant leur marche jusqu'au Cassiquiare, un autre affluent de l'Orénoque. Les deux voyageurs reconnurent ce canal naturel, dont la longueur dépasse trois cents kilomètres, et qui fait communiquer la grande rivière du Vénézuéla avec le fleuve des Amazones, sur le territoire brésilien. Ils arrivèrent ainsi jusqu'au point où l'Orénoque n'a plus qu'une largeur de quarante à cinquante mètres. Les tribus, d'ailleurs clairsemées, qu'ils virent sur leur route, Mariquitares, Macos, Barés, Piaoras, nomades sauvages, les accueillirent avec bonté, mais les mirent en garde contre les Guaharibos, qu'ils leur dépeignirent comme des monstres féroces et anthropophages. En réalité, ces mangeurs d'hommes étaient des êtres chétifs, nus, grêles, sales, hideux, craintifs, fuyant, comme la brute épouvantée, à toute approche d'une autre créature humaine et se nourrissant de pourriture et de vermine, mais trop lâches pour être cannibales, vivant au milieu de solitudes qu'ils croyaient inaccessibles. Dans la plus mystérieuse de ces solitudes, au cœur de la Sierra Paruna, sur une hauteur d'environ 1,400 mètres d'altitude, naît l'Orénoque. Là, le 18 décembre 1886, M. Chaffanjon fit flotter le drapeau français, non pour affirmer une nouvelle conquête coloniale de la France, mais pour annoncer à la civilisation que, désormais, cette terre de sauvages lui était acquise et qu'elle pouvait commencer à y semer.

Nos lecteurs verront plus loin, par le récit de MM. Vincent et Humbert, quels progrès on a faits en ce sens.

II

Il y a bientôt quarante ans, les géographes, dans leurs descriptions ethnographiques du haut Orénoque, se plaisaient à faire sous des couleurs sombres le tableau des peuplades qui n'y avaient, disait-on, le plus souvent pour unique aliment que la terre argileuse frite dans de l'huile. Ces *géophages*, comme on les nommait, montraient pour la glaise ainsi préparée un goût prononcé et en faisaient plus de cas que des quelques ignames qu'ils cultivaient avec peine ou des lézards, des singes, des fourmis, auxquels ils donnaient la chasse. Leur misère ne les poussait point à l'émigration. Il y en avait même parmi eux qui avaient délaissé, pour venir vivre là, des pays fertiles, comme les Omaguas, originaires du Brésil. Tous n'auraient eu qu'à suivre le fleuve en aval s'ils avaient voulu participer à la vie civilisée. Ils auraient trouvé à Ciudad Bolivar, l'ancienne Agostura, une grande et belle ville, un port maritime actif, et autour de ce centre de commerce des essences d'arbres les plus divers et les plus riches : bananiers, indigotiers, caféiers, cotonniers, cèdres, acajous, gommiers, hévéas, palmiers. Ils auraient, dans les llanos, pu s'emparer des troupeaux errants, bœufs, chevaux, ânes, mulets, ou bien encore, allant plus bas demander l'hospitalité aux Guaraunos, ils auraient, comme ceux-ci, pu suspendre leurs hamacs dans les hautes îles et y jouir des douceurs de la paix, en se contentant de poisson, de bananes et de manioc. Pourquoi les Guaharibos ne faisaient-ils point cet effort, après tout facile, de se transplanter et ne cédaient-ils pas à l'impulsion naturelle à tous les sauvages de déserter un sol ingrat ? La principale raison de leur manque d'énergie était peut-être l'épouvante que leur inspirait cette civilisation vers laquelle tant de barbares de toutes les races se sentirent, à travers les âges, presque irrésistiblement attirés, comme le fer ne peut résister à l'attraction de l'aimant.

En effet, ceux d'entre eux qui, par tradition, connaissaient quelque chose de cette civilisation, dont leurs aïeux établis au Brésil avaient jadis été les témoins, n'en pouvaient parler qu'avec horreur, car tout ce qu'ils en savaient se rattachait à des guerres, des massacres, des scènes de révolution, de servitude et de tyrannie. Et si, par hasard, quelque

Vénézuélien s'égarait dans le haut Orénoque, ce n'était qu'un malheureux échappé par miracle à ces grandes tueries et dont la mémoire n'avait retenu que les drames sanglants.

Comment aurait-il pu en être autrement puisque, depuis 1846 et d'une manière presque ininterrompue, les luttes avaient sévi entre les blancs et les Indiens dans Caracas même, la capitale de la république. Victorieux et vaincus tour à tour, les unitaires ou les fédéralistes, ceux-ci ayant pour chefs Falcon ou Guzman Blanco, ceux-là Tadeo ou son frère Gregorio Monagas, ne s'étaient pas un seul instant fait quartier, et les corbeaux Samuros, qui dépècent les cadavres, n'avaient pas une seule heure manqué de pâture. Le jaguar, qui attaque l'homme, le serpent *Cuaïma,* qui s'élance comme une flèche vers sa proie, le boa, qui étouffe sa victime dans ses replis, étaient-ils, en vérité, aussi dangereux que ces partisans de telle ou telle ambition politique? Et qui pouvait prédire la fin de ces discordes toujours renaissantes? N'y avait-il pas comme une loi atavique qui les rendait fatales et inéluctables? Les deux millions de mulâtres et de Zambos qui voulaient s'affranchir des quelques trente ou trente-cinq milliers d'étrangers ne les jetteraient-ils pas tous un jour dans la mer des Antilles, et, cela fait, les vainqueurs, hommes de couleur, ne commenceraient-ils pas l'extermination des indigènes?

Cette terreur n'était pas sans fondement. L'histoire du Vénézuéla, depuis sa découverte par Colomb en 1493, se trouvait marquée de sang presque à chaque page. Les Espagnols qui s'étaient abattus, comme dans toute l'Amérique du Sud, sur cette petite Venise (*Venézuéla,* suivant l'appellation donnée au pays en 1499 par Hojeda et Vespucci) n'avaient vu là qu'une occasion de curée. Les Welser d'Augsbourg, à qui Charles-Quint donna, de 1528 à 1545, la colonie en garantie d'un prêt fait à la couronne par ces richissimes banquiers, y préparèrent des réformes que leurs spéculations auraient secondées, mais la cupidité espagnole ressaisit le trésor en 1550 et la capitainerie générale de Caracas était retombée sous le joug d'une métropole ne songeant qu'à épuiser la vie de ses colonies Cela dura pendant plus de deux siècles et demi. Quand, en 1811, le Vénézuéla brisa ses liens, la liberté lui parut si difficile à garder qu'il accepta le régime fédératif qui l'associait politiquement aux destinées de la Colombie et de l'Équateur. Mais l'union n'eut qu'un bail d'un petit nombre d'années, les éléments de désaffection l'emportèrent, et, en 1831, la fédération, œuvre de Bolivar, se brisa en trois tronçons. Le président Paez sauvegarda la jeune république durant douze ans, puis les *pronunciamientos* se succédèrent. Il y eut ceux de Monégas, de Caxtro, de Falcon et de Blanco, que nous avons déjà nommés, d'Alcantara, de Gutierrez, de Lopez, de Mendoza, de Crespo, etc.

Ce fléau des guerres civiles est endémique dans ces pays sud-américains, où la force a si longtemps primé le droit, et où celui-ci n'a eu gain de cause que passagèrement. Les intérêts s'y appuient sur le triomphe d'un drapeau autour duquel se groupent les espérances d'une part de prise. Croyant opérer la cohésion, qui ne pouvait être que factice, de tant de fractions de la vie nationale devenant factions au premier vent de haine — et celles-ci sont toujours vivaces dans l'Amérique du Sud — la revision de la Constitution en 1892 n'a fait, en définitive, que multiplier les prétendants au pouvoir. Guzman Blanco, en réduisant à neuf les États du Vénézuéla, s'était rapproché de l'unité dans laquelle son parti voyait le salut de la république. Les principes de la décentralisation ont remplacé ce régime. Au lieu de neuf États on en a admis vingt avec la pensée de rétablir l'équilibre et de le fonder sur l'autonomie des municipalités et le suffrage universel.

L'influence française s'est exercée dans ce cas. On a cru à Caracas qu'une république n'était possible et viable qu'à la condition de la jeter dans le même moule que la nôtre, et l'on n'a pas compris que donner à un petit pays sud-américain d'environ 2,300,000 habitants, des institutions fidèlement calquées sur celle d'une grande puissance de l'Europe, c'était faire administrer un village absolument comme une ville de premier rang. La constitution de 1892-1893 a institué un pouvoir exécutif qui réside dans un président, élu directement par le vote populaire, et assisté de huit ministres, de même qu'elle a créé un pouvoir législatif exercé par un Sénat et une Chambre des représentants. Il en résulte nécessairement que la brigue est le mobile de tout le mécanisme gouvernemental, que chacun aspire à entrer dans le Parlement ou dans la bureaucratie, qui en est le marchepied, et que l'ère des conflits reste ouverte plus que jamais. Les derniers événements l'ont démontré.

III

Le Vénézuéla, qui n'est pas un pays stable, voit surgir aujourd'hui tout à coup devant lui, dans la mer des Antilles, les États-Unis en possession des dépouilles espagnoles, et cette apparition soudaine de la grande et gigantesque république nord-américaine en présence de la petite république sud-américaine minuscule constitue pour celle-ci — on ne saurait le nier — une menace, sinon un danger. Le Vénézuéla possède des mines d'or dans son territoire guyanais, sur les bords de l'Yuruari, et dans sa province de Bolivar des mines de cuivre plus beau que celui de Suède, des sources minérales, pétrole et asphalte, toutes richesses peu ou point exploitées, mais abondantes. Ses montagnes sont couvertes d'immenses forêts de bois précieux, ses savanes peuplées de troupeaux en liberté. Ses ports accusent une entrée de 7,500 vaisseaux et de plus de 2,000,000 de tonneaux. L'Allemagne, l'Angleterre, la France, les États-Unis rivalisent sur ses marchés et se disputent ses produits. Si sa capitale est malsaine, ses vallées jouissent d'un printemps perpétuel. C'est donc un pays enviable à bien des titres. Placé maintenant en face de Cuba et de Porto-Rico, il ne peut manquer d'attirer l'attention des Nord-Américains, qui vont faire de leurs nouvelles acquisitions des biens de rapport. La politique inaugurée par Mac Kinley permet d'admettre que les États-Unis examineront l'un ou l'autre jour l'opportunité de prendre un pied dans le Sud-Amérique. Si cette combinaison entre dans leurs plans — et leurs vues sur le Honduras et le Mexique n'y sont pas aussi étrangères qu'on le croit — ils trouveront sans peine un prétexte d'agir contre le Vénézuéla. Ce dernier aura alors à leur opposer une marine militaire de trois petits vapeurs et une goélette armés ensemble de huit canons, avec deux cents hommes de troupe. Il pourra, en outre, disposer d'une armée de terre qui n'atteint pas quatre mille hommes. Que l'on mette en regard les forces navales et terrestres des États-Unis, et la conclusion sera toute simple. Or, pour conjurer le péril — qui est loin d'être chimérique — la mesure la plus sage serait évidemment d'opposer dès maintenant une digue à l'inondation nord-américaine et de faire de cette digue un rempart. Il est malheureusement douteux que le Vénézuéla s'y décide, et que l'on prenne à Caracas, de même qu'à Bogota et à Quito, la résolution de reconstituer le faisceau formé par Bolivar. Le Vénézuéla occupe une superficie de 1,043,000 kilomètres carrés, celle de la Colombie est de 1,330,000 kilomètres carrés, celle de l'Équateur de 327,000 kilomètres carrés, au total plus de 2,700,000 kilomètres carrés, équivalant au territoire de la République Argentine. La population du Vénézuéla s'élève à 2.323,000 habitants, celle de la Colombie à 3,320,000, celle de l'Équateur à 1,200,000, soit ensemble 6,840,000 habitants. Divisées et opposées séparément aux États-Unis d'Amérique, ces trois républiques seraient sans force. Si, au contraire, elles formaient, par leur alliance étroite, par une commune défense, une barrière d'un seul tenant, le jingoïsme nord-américain respecterait une attitude qui aurait un appui non seulement dans l'Angleterre, intéressée à réprimer l'ambition yankee à cause de la Guyane anglaise, mais aussi dans le Brésil, le Pérou, la Bolivie, dont le secours serait décisif.

L'avenir, gros d'orages, exige, à défaut du retour à la république fédérale de Bolivar, une entente étroite entre le Vénézuéla, la Colombie, l'Équateur. Mais, pour réaliser cette pensée, il faudrait peut-être un autre Bolivar, et qui se chargera de ce rôle ingrat en songeant aux amertumes du Libérateur?

Charles Simond.

INDIGÈNES CARAÏBES DU VÉNÉZUÉLA.

LE VÉNÉZUÉLA

Parmi les États qui se partagent la partie méridionale du grand continent américain, le Vénézuéla occupe une place des plus importantes par sa situation géographique, par son admirable réseau fluvial, par son commerce, et par la diversité et la valeur de ses productions. Intéressant aussi par son histoire, ce pays a pris la part la plus active à l'œuvre civilisatrice du nouveau monde, et ses habitants n'ont cessé de déployer les efforts les plus énergiques pour arriver à prendre rang parmi les grandes nations de l'Amérique.

Le Vénézuéla fut découvert en 1499 par Alonso de Hojeda (1). Accompagné d'Amerigo Vespucci, qui faisait les frais de son expédition, il aborda sur la rive orientale de la mer intérieure ou « lagune » de Coquibacoa (ou chichivacoa), dite aujourd'hui de Maracaïbo. Ils furent séduits, dit la légende (2), par la

(1) Alonso de Hojeda, capitaine espagnol, né à Cuença dans la première partie du quinzième siècle, accompagna Christophe Colomb dans son second voyage (1493), puis se brouilla avec lui et commanda l'expédition de 1499 dont Améric Vespuce fit en partie les frais.

(2) V. Fray Pedro Simon : Noticias historiales de las conquistas de Tierra Firme en las Indias occidentales. In-f°, Cuença, 1627.

beauté de ce grand lac qui, comme le dit un poète vénézuélien,

tiene
Màs de cien leguas de circunferencia
Y por la parte de màs ancha via
Setenta y algo màs de travesia (1).

Sur ses bords s'élevait un village, ou plutôt un groupe de huttes construites sur un échafaudage de pieux entourés de pirogues et communiquant entre elles par des ponts-levis tremblants. La petite cité lacustre se mirait dans les eaux tranquilles du lac, et le Florentin n'en dut pas être le moins frappé.

Ce fut lui sans doute, qui compara cette nouvelle Venise, si humble et si modeste, à la grande reine de l'Adriatique, et les deux voyageurs se plurent à baptiser du nom de *Venezuela* ce pauvre petit village. Nous pouvons supposer que cette dénomination ne leur vint pas à l'esprit sans une légère pointe d'ironie, car, en espagnol, les diminutifs en *zuelo, zuela,* indiquent une idée de mesquinerie et même de dérision et de mépris.

L'appellation de « Vénézuéla », *petite Venise,* ou mieux *pauvre petite Venise,* devait recevoir, une trentaine d'années après, une consécration officielle (2) et s'étendre, dans la suite, à toute la contrée.

I

DESCRIPTION GÉOGRAPHIQUE

Borné au nord par la mer des Antilles ou mer des Caraïbes, le Vénézuela confine à l'est à la Guyane anglaise dont la frontière suit le Rio Amacura, coupe le Cuyani et longe la sierra de Riucote.

Ses limites méridionales sont la chaîne montagneuse de Pacaraïma qui le sépare du Brésil, et des territoires dont l'Équateur, la Colombie et le Pérou se disputent la possession.

A l'ouest, il est borné par la république de Colombie; cette frontière occidentale est parallèle à l'Orénoque dont elle coupe les affluents de gauche sur l'Arauca, franchit la Cordillère de Merida, et par la sierra de Perija et le territoire des Goajiros va rejoindre la mer des Antilles au nord-ouest du lac de Maracaïbo.

(1) « Il possède plus de cent lieues de circonférence, et dans la partie la plus large, un peu plus de soixante-dix lieues d'étendue ». V. Aristide Rajas : Estudios historicos) Caracas 1891.

(2) Lors de la concession faite du Vénézuela aux Welser par l'empereur Charles-Quint.

Pour plus de détails voir l'étude publiée par MM. Vincent et Humbert dans le Bulletin de la Société de géographie commerciale de Bordeaux (année 1897 n° 22 et 1898 n°s 1-2) sous le titre : *Le Vénézuéla. Période des Welser* (1528-1546).

Le littoral du Vénézuela présente plusieurs vastes échancrures, à savoir : de l'ouest à l'est le golfe de Vénézuela rattaché par un

VUE D'UN VILLAGE DU VÉNÉZUÉLA.

détroit à celui à celui de Maracaïbo, la presqu'île de Paraguana, le golfe Triste, la baie de Cumana, le golfe de Cariaco, le golfe de Paria fermé par l'île de la Trinidad, qui appartient à l'Angleterre.

Les îles voisines de la côte sont nombreuses : Les principales sont : Oruba, Curaçao, Buen-Ayre ou Bonaire, les Roques, Margarita, Orchita, Tortuga, etc. ; les plus occidentales appartiennent à la Hollande.

Au point de vue de la géographie physique, le Vénézuela peut être divisé en trois régions bien distinctes :

1° La côte ou région côtière qui est séparée du bassin de l'Orénoque par une chaîne de montagnes qui prend successivement les noms de sierra Laura, Mérida, Barquesimeto, Turumiquire, etc.

2° Les plaines, savanes ou Llanos, immenses espaces sans accidents, couvrant une superficie d'environ 400,000 kilomètres carrés et souvent noyés sous les eaux.

3° La région guyanaise montagneuse et boisée où les sierras Parima, Pacaraïma, Maigualida et leurs contreforts qui se prolongent vers l'Orénoque enferment de nombreux cours d'eau, tous tributaires de ce grand fleuve ou de l'Amazone.

II

HYDROGRAPHIE

Le Vénézuéla, l'un des pays les mieux arrosés du globe, présente un nombre considérable de cours d'eau, à la tête desquels il faut placer l'Orénoque (Orinoco), l'un des plus grands fleuves du monde, et l'une des plus belles voies fluviales de l'Amérique du Sud.

L'Orénoque a une telle importance au point de vue de l'hydrographie fluviale du continent Américain Méridional, que nous ne croyons pas pouvoir nous dispenser d'en donner ici une description détaillée et d'étudier ses communications avec l'Amazone par le Cassiquiare qui sert de trait d'union entre les bassins de ces deux grands fleuves et qui joue par suite un rôle des plus importants.

L'Orénoque coule presque entièrement sur le territoire Vénézuélien ; il reçoit dans son parcours de nombreux tributaires et constitue pour le commerce et la colonisation une voie de pénétration des plus précieuses.

Ce fleuve a un cours d'environ 2,500 kilomètres et une surface de bassin de 1,036,000 kilomètres carrés ; son débit moyen serait, d'après Ortou, de 14,000 mètres cubes. Cette immense étendue fit comprendre à Christophe Colomb qu'il longeait les rivages d'un vaste continent.

L'Orénoque prend sa source près de la sierra Mandacaces, sur la frontière du Brésil à une latitude un peu inférieure à 2° ; il décrit ensuite une immense courbe dont la concavité est dirigée vers l'est, et vient se jeter dans l'Océan Atlantique au nord du 8e parallèle, offrant à son embouchure un vaste delta traversé par de nombreuses bouches. Les principales sont la Boca grande ou Boca de navios qui semble la continuation directe du fleuve et les bouches du Dragon et du Serpent, voies de dérivation assez éloignées que le fleuve s'est creusées vers le nord et sur sa rive gauche.

Malgré les recherches récentes, le régime des eaux de ce fleuve n'est pas encore parfaitement connu ; par suite de ses variations considérables, l'Orénoque présente en effet un régime des plus compliqués.

Devant Ciudad-Bolivar, à 320 kilomètres de son embouchure, on constate, à diverses époques, une différence de 20 à 25 mètres, entre le niveau des eaux. A cet endroit, le fleuve possède une profondeur de 50 mètres aux hautes eaux et n'offre, lorsque les eaux sont basses, qu'une profondeur variant entre 20 mètres, 15 mètres et même 10 mètres.

Pendant la saison des pluies, son aspect est plutôt celui d'un immense lac que d'un fleuve, et l'Orénoque, qui avait si justement frappé l'esprit de Colomb en 1494, peut être à bon droit surnommé « le Mississipi » de l'Amérique Méridionale.

L'Orénoque, pour la commodité de la description, peut se diviser en trois tronçons :

1° La partie comprise entre le delta du fleuve et les Chutes d'Atures.

2° La région intermédiaire aux chutes d'Atures et à celles de Maipures.

3° Le haut fleuve ou le cours du fleuve au-dessus des chutes de Maipures.

La première zone comprend environ 600 kilomètres ; elle s'étend depuis les bouches de l'Orénoque jusqu'au-dessus de Ciudad-Bolivar, l'ancienne ville d'Angostura ou de San-Thomas-de Nueva-Guyana, port accessible aux navires de haute mer et siège d'un commerce maritime très actif; dans cette partie du fleuve, la navigation est libre de tout obstacle, et pendant l'hivernage, c'est-à-dire d'avril à septembre, le fleuve subit une crue considérable. Au-dessus de Ciudad-Bolivar, se trouvent quelques passages difficiles, mais des navires d'un faible tonnage peuvent encore remonter, pendant la saison sèche, jusqu'au pied du Cerro-Pericho, et, pendant la saison des pluies, jusqu'à la crique connue sous le nom de Puerto Zamuro, crique située à 4 kilomètres en amont du point précédent, dernière limite de la navigation dans le bas Orénoque, en aval des rapides d'Atures qui sont infranchissables.

La région comprise entre les rapides d'Atures et les chutes de Maipures est des plus intéressantes et des plus pittoresques ; tous les voyageurs et les explorateurs, depuis de Humboldt qui, le premier, en a fait une magnifique et saisissante description, ont été justement émerveillés par la beauté des sites et la grandeur du spectacle qu'offre l'Orénoque, dans cette partie de son cours.

Les rapides d'Atures s'étendent sur un espace de 8 kilomètres environ. Ces rapides ou sauts sont formés par une quantité innombrable de petites cascades ou cascatelles (*raudales*) qui se suivent d'une façon presque ininterrompue, en tombant de degré en degré, et qui sont entrecoupées d'un grand nombre d'îlots et de rochers sur lesquels s'élèvent des massifs de palmiers qui ajoutent encore à la beauté du tableau et viennent très heureusement compléter le panorama véritablement grandiose que présentent ces rapides.

Atures, par sa situation exceptionnelle, est un point très important où viennent affluer tous les produits du haut Orénoque, ainsi que les marchandises venant de l'extérieur et apportées par les navires qui ont remonté le fleuve jusqu'à Ciudad-Bolivar et les ports accessibles en aval des rapides.

Les environs d'Atures sont très intéressants à visiter et à parcourir, au point de vue de l'ethnographie et de l'histoire des anciennes peuplades Indiennes, Atures et Imos aujourd'hui disparues, et qui occupaient autrefois cette région.

Le Cerro de los Muertos à 3 kilomètres d'Atures présente une excavation profonde, une sorte de caverne remplie d'ossements entassés pêle-mêle.

Le Punta Cerro renferme la grotte d'Arvina où l'on trouve des urnes funéraires et des ossements attribués aux Imos. Çà et là, de nombreuses sépultures Indiennes, dans des anfractuosités de rochers.

C'est encore non loin d'Atures, à 12 kilomètres environ que, dans un de ses voyages, M. Chaffanjon, l'intrépide explorateur du haut Orénoque (1) a découvert une gigantesque inscription symbolique tracée à une grande hauteur sur le Cerro granitique du Pintado. Il serait vivement à désirer que le gouvernement Vénézuélien fît continuer ces recherches dans cette région de son territoire, recherches qui seraient sans aucun doute fructueuses pour la science anthropologique.

Les chutes ou cataractes de Maipures présentent également un coup d'œil assez imposant, bien que la chute en elle-même ne soit pas considérable et ne dépasse pas neuf mètres. Maipures n'offre pas, comme les Niagara-Falls de l'Amérique du Nord, la chute d'un énorme volume d'eau se précipitant, d'une grande hauteur, tout entier à la fois; mais ce qui frappe surtout le regard, à Maipures, c'est cette nappe d'écume, de plus d'un mille de longueur, sur laquelle se profilent une foule de roches noirâtres, des formes les

(1) V. J. Chaffanjon. *L'Orénoque et le Caura*, 1 vol., Hachette, 1889.

plus bizarres et les plus diverses. Les unes ressemblent à des colonnes basaltiques; d'autres ont l'apparence de tours, de châteaux-forts, de donjons, d'édifices en ruines; ces îlots, qui revêtent

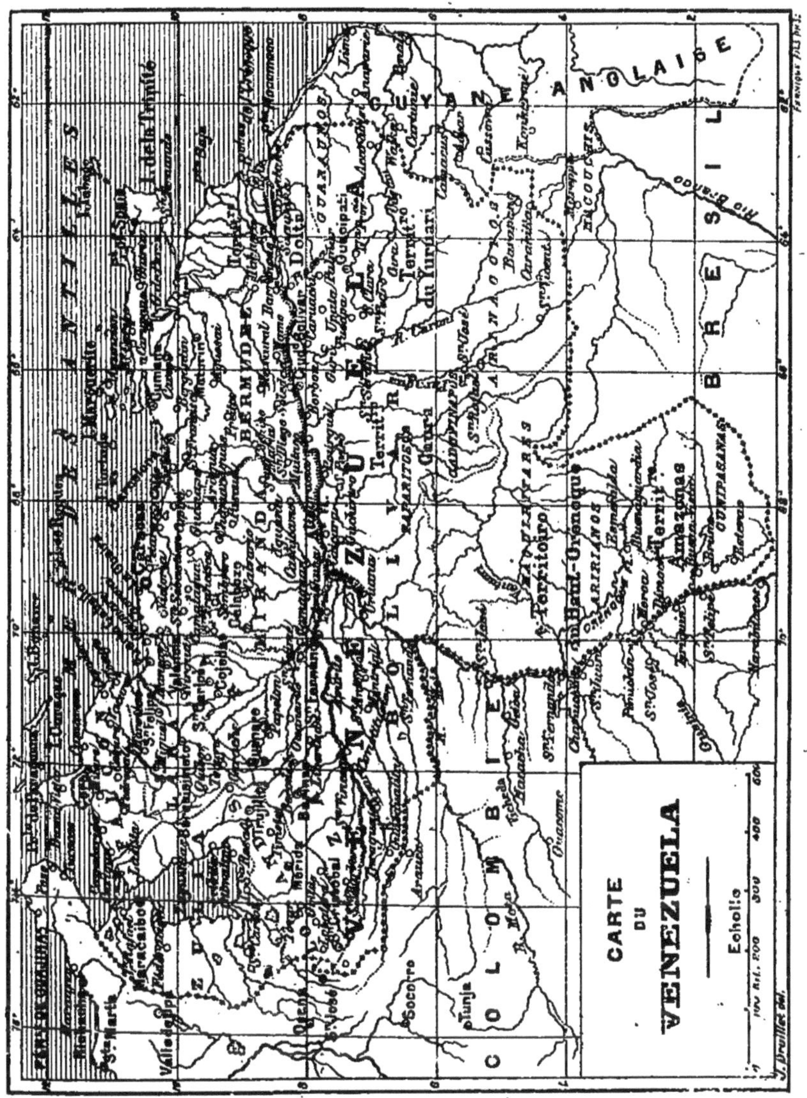

les contours les plus fantastiques, sont souvent couverts d'arbres touffus et de palmiers.

Entre Atures et Maipures, la navigation est presque absolument impossible pendant la saison sèche; toutefois, pendant l'hivernage et la crue des eaux, certains passages sont franchissables. Mais cette descente exige toujours beaucoup d'habileté et une connaissance parfaite de tous les dangers du fleuve; elle est, en tout temps d'ailleurs, fort périlleuse à cause de l'étroitesse du chenal, qui n'a pas plus de 6 mètres de largeur sur une longueur de 2 à 3 kilomètres.

Au-dessus des chutes de Maipures, l'Orénoque redevient navigable et continue à l'être ensuite dans presque toute l'étendue de son cours supérieur.

En amont de Maipures, le fleuve est bordé par d'immenses savannes où vivent, à l'état sauvage, de nombreux troupeaux de bœufs; plus loin, se voit la montagne du Singe (cerro del Mono), qui n'est composée presque en totalité que de rochers granitiques dont les sommets sont à peu près inaccessibles.

San-Fernando de Atababo, l'un des principaux comptoirs du haut Orénoque et la résidence du gouverneur du territoire, semble destiné par sa situation au confluent de l'Orénoque, du Guaviare et de l'Atabapo, à acquérir une grande importance commerciale dans un avenir peu éloigné.

Dans la partie supérieure de son bassin, l'Orénoque traverse, en décrivant son vaste et si remarquable circuit, d'immenses tertoires occupés par un grand nombre de tribus indiennes, Banibas, Puinabas, Piaopcos, Barés, Piaroas, Mariquitarès, Guaharibos, etc...

Ces tribus sont presque toutes géophages, à peine civilisées, très superstitieuses et vivent dans un état de nudité à peu près complète.

Le Cassiquiare, affluent de gauche de l'Orénoque, qui sert de trait d'union entre le bassin de ce fleuve et celui de l'Amazone et, ainsi que l'Ohio de l'Amérique du Nord, relie le Saint-Laurent et les grands lacs Américains avec le Mississipi, joue un rôle des plus importants au milieu de l'admirable réseau fluvial qui arrose l'Amérique méridionale.

Le Cassiquiare fait directement communiquer l'Orénoque avec le Rio Negro, tributaire de l'Amazone et, comme le fait remarquer avec tant de justesse Elisée Reclus, présente ce phénomène curieux, assez commun dans les régions lacustres à vasques granitiques comme la Finlande et le Canada, mais très rare ailleurs, d'une rivière appartenant à deux systèmes hydrographiques et dont les eaux s'épanchent d'un bassin dans un autre.

Il est intéressant d'examiner les conditions dans lesquelles a pu s'établir cette communication entre l'Orénoque et l'Amazone.

Dans cette partie de son cours, et immédiatement en amont de l'embouchure du Cassiquiare, l'Orénoque traverse une gorge assez resserrée, n'ayant pas plus de 80 mètres de largeur entre le Cerro Tamatama à droite, et le Cerro Deromoni à gauche, en suivant le cours du fleuve. Les eaux, au moment des grandes crues, s'échappent de cette gorge avec une violence extrême, envahissent leurs berges et les inondent. La rive droite, celle qui fait suite au Cerro Tamatama, étant de nature rocheuse, résiste, dans une certaine mesure, aux efforts du courant et s'encombre de dépôts sablonneux; la rive gauche, de nature argilo-siliceuse, a plus facilement cédé; il s'est formé tout d'abord, sur cette rive, une tranchée qui peu à peu s'est approfondie, et cette communication qui, très probablement n'existait, à une certaine époque, qu'au moment des grandes crues, est devenue dans la suite définitive.

Le Cassiquiare peut être considéré comme tributaire de deux mers à la fois, puisqu'une partie de ses eaux s'écoule, par l'Orénoque, dans la mer des Antilles, et l'autre partie descend au sud-ouest, vers l'Atlantique, par le Rio Negro, affluent de l'Amazone.

En s'unissant au Rio Negro, le Cassiquiare, grossi par de nombreux affluents, a un volume d'eau trois fois plus considérable qu'en se détachant de l'Orénoque.

Les affluents de l'Orénoque sont très nombreux; ils s'élèvent à plus de 400 rivières et près de deux mille cours d'eau (riachulos), qui couvrent le pays de leurs admirables anastomoses et qui forment un lacis des plus compliqués.

En dehors d'une infinité de lagunes sans grande importance, le Vénézuéla possède deux grands lacs sur lesquels nous ne pouvons nous dispenser de nous arrêter un instant.

Le grand lac de Maracaïbo, qui couvre une superficie de deux millions 173,800 hectares, est formé par les torrents qui descendent des Andes, et reçoit les eaux de plus de cent rivières et d'un nombre considérable de cours d'eau. Il est bordé à l'ouest par la chaîne Andine elle-même, et à l'est, par les savanes de Taratara et les montagnes de Coro, et déverse ses eaux dans la mer des Antilles par le golfe qui lui fait suite. Il est à remarquer, par son étendue et par sa profondeur, et, à part les difficultés qu'il présente à son entrée, est navigable dans la majeure partie de son périmètre.

Le lac de Valencia ou de Tacarigua a une physionomie très pittoresque et est entouré, de tous côtés, par des massifs montagneux appartenant à la chaîne côtière. Ce lac, situé à une altitude de 431 mètres au-dessus du niveau de la mer, a une superficie de 68,321 hectares, une largeur de 12 milles et une longueur de 32 milles. Il est semé d'un grand nombre d'îlots, les uns verdoyants, les autres arides, et reçoit les eaux d'une vingtaine de rivières. Il présente une profondeur suffisante pour permettre aux bateaux légers de le parcourir en tous sens.

Orographie. — L'orographie du Vénézuéla, comprenant un grand nombre de massifs des plus considérables, peut se diviser en trois systèmes de montagnes :

1° *Les Andes vénézuéliennes*, qui continuent l'ossature principale du continent, constituent la frontière occidentale du Vénézuéla.

Elles présentent des altitudes considérables. La magnifique sierra de Mérida, couronnée de neiges perpétuelles, élève ses deux pics gigantesques qui dominent toute la chaîne, à une hauteur de 5,580 mètres pour l'un les pics, et 4,564 mètres pour l'autre.

2° La *chaine côtière* peut être considérée comme une bifurcation de la précédente ; diversement ramifiée, elle suit une direction presque

INDIENS RIVERAINS DU RIO OCORUCO AVEC LEURS SIBUCANS SERVANT A LA PRÉPARATION DU MANIOC.

parallèle à la mer des Antilles, limite au nord les Llanos, s'avance à l'est jusqu'à la bouche du dragon, dans le golfe de Paria, pour reparaître ensuite dans les montagnes de l'île de la Trinidad. C'est à la chaîne côtière qu'appartiennent le pic de *Naiguata* (2,782 mètres) et la *Silla de Caracas* (2,665 mètres), que l'on voit s'échancrer comme une selle au-dessus des nuages, d'où lui est venu son nom. L'escarpement de cette montagne, véritable mur redressé de 54° sur l'horizon, serait tout à fait inacessible s'il ne pouvait être tourné par les routes tracées en zigzag dans les gorges et les ravins.

La longueur de la chaîne côtière est d'environ 500 kilomètres,

VUE D'UNE CASE-ABRI DES INDIENS DU RIO CUYUNI.
(Dessin de M. Chaffanjon.)

et sa plus grande largeur de 100 kilomètres. La majeure partie des montagnes qui la composent est recouverte d'épaisses forêts qui s'étendent presque jusqu'à leurs sommets.

3° *Le système de la Parima* sépare le bassin de l'Orénoque de celui de l'Amazone, et couvre les hautes terres du Vénézuéla et des Guyanes. Cette chaîne, complètement indépendante des deux autres, se compose d'une foule de masifs, les uns arides, les autres, couverts de forêts vierges, mais comprenant en général des altitudes inférieures à celle des Andes vénézuéliennes et de la chaîne côtière. Le point le plus élevé de ce système est le pic de Maraguaca (*Peñon de Maraguace*), dont la hauteur est de 2,508 mètres.

Ajoutons que ces montagnes recèlent dans leur sein les plus riches gisements aurifères du Vénézuéla; aussi cette région a-t-elle reçu à bon droit le surnom d'*Eldorado vénézuelien* (1).

Llanos. — Les Llanos, ou région des pâturages, zone pastorale (*region pastoril*), couvrent une immense étendue et sont situés à une altitude variant de 40 à 374 mètres au-dessus du niveau de la mer; cette région, qui s'avance au loin vers le sud, est limitée à l'ouest par la chaîne des Andes, au nord par une grande partie de chaîne côtière, et se prolonge à l'est jusqu'au delta de l'Orénoque.

Les Llanos ont une superficie d'environ 400,000 hectares carrés et sont composés d'interminables plaines et de savanes, comme les pampas de la Patagonie. Tour à tour noyés pendant les pluies de l'hivernage et les débordements des cours d'eau qui en sont la conséquence, ou desséchés et transformés en vastes solitudes pendant la saison sèche, les Llanos présentent, dans les saisons intermédiaires, l'aspect de prairies immenses, où dominent les graminées et les cypéracées, magnifiques pacages pour des millions de bœufs et de chevaux.

Aux approches de la saison sèche, leur sol se dessèche, les lacs se transforment en bourbiers, les plantes se flétrissent et les Llanos sont alors recouverts, sur leur plus grande étendue, d'une boue fangeuse qui exhale des émanations fétides et pestilentielles. Malgré ces conditions défavorables et la nocivité incontestable du climat des Llanos, la zone pastorale vénézuélienne, dont de Humboldt a tracé une saisissante description dans son voyage aux régions équinoxiales, a une importance considérable au point de vue de l'*élevage*, et pourra, sans nul doute, dans l'avenir, marcher de pair, sous ce rapport, avec les parties les plus favorisées à cet égard de la République Argentine et de l'Australie.

Zone côtière. — La région agricole par excellence du Vénézuéla est la zone côtière. Elle est d'une extrême fertilité. Jusqu'à une altitude de 550 mètres, on cultive le *cacao* et la *canne à sucre*. Les cacaos du Vénézuéla, dits *caraques*, sont les plus estimés dans le commerce.

(1) Pour plus de détails, voir la notice sur les Etats-Unis de Vénézuéla, par L. Vincent, publiée dans le Bulletin de la Société de géographie commerciale de Bordeaux (année 1890, n°s 4 et 5).

De 550 à 2,200 mètres croît surtout le *café*. C'est la partie la plus riche et la plus peuplée du territoire.

Zone forestière. — La vallée de l'Orénoque marque le commencement d'une vaste région forestière, qui fait partie de l'*Hylaea* brésilienne, et où la végétation équatoriale se déploie dans son exubérante variété. La lumière pénètre à peine sous les masses sombres de ces forêts vierges, où les acajous, les lauriers, les tamariniers et les bambous confondent leur feuillage. Le voyageur a la sensation d'être enfermé dans une prison sans issue, quand, au milieu de ce pesant et éternel clair obscur, il poursuit durant de longs jours sa marche dans un sentier indécis, à travers les feuilles mortes, les racines traçantes, les arbustes épineux, les lianes entortillées, les marais où l'on enfonce jusqu'à la ceinture (1).

Climat et productions. — Au point de vue climatologique, il n'y a que deux saisons au Vénézuéla : la saison sèche et celle des pluies; la première commence à l'arrivée du soleil au tropique du Cancer, et la deuxième à l'époque où le soleil entre dans le tropique du Capricorne. La saison des pluies intervient du mois d'avril au mois d'octobre. C'est pendant ces mois-là que la température s'élève le plus, à cause du rapprochement du soleil à l'hémisphère boréal et sous l'influence des vents chauds du Midi. Le reste de l'année, la température se rafraîchit et le climat devient en général très agréable et absolument sain.

En somme, le Vénézuéla est un des pays les plus favorisés par la nature. Grâce à la fertilité des terrains, à la bonté du climat et à la variété périodique de la température, ses produits sont supérieurs : le café, le cacao, le sucre, le raisin, la vanille, le quinquina, le tabac, l'indigo, la fève de Tonka, le caoutchouc, etc., toutes sortes de racines, de graines alimentaires, plantes médicinales, bois de constructions, d'ébénisterie, de teintures, etc., sont exportés avec succès et profit sur les grands marchés européens, où ils ont acquis une réputation justement méritée, sans réclame et sans publicité.

En dehors de la production agricole, *les produits des mines*, de l'élevage, de la chasse et de la pêche sont abondamment obtenus; leur valeur, leur qualité sont aussi justifiées.

Coup d'œil sur l'histoire du Vénézuéla. — Ferdinand le Catholique avait autorisé Hojeda à fonder au nom de l'Espagne, sur la *terre ferme* de l'Amérique, le gouvernement de Coquibacoa (chichivacoa) (2). La nouvelle colonie devait dépendre de l'audience royale (*audiencia*)

(1) V. *Chez nos Indiens*, par H. Coudreau. *Tour du Monde*, 1892. 1er semestre.

(2) Consulter à ce sujet : Antonio de Herrera, *Decades* (4 vol. Madrid 1601., Gonzalo Oviedo, *la Historia de las Indias* (1547); Lopez de Gomara, *Historia de las Indias* (Anvers 1554); — Pierre Martyr d'Anghiera, *Decades Oceanicae* (Colon) 1518.; et Robertson, *Histoire de l'Amérique*; trad. Suard et Morellet. (Paris 1818).

de Saint-Domingue (1), dont le district fut définitivement limité par l'Espagne, en 1526, aux grandes Antilles et à la partie du continent comprise entre l'Orénoque et la Magdalena. Mais à peine les Espagnols étaient-ils établis dans la région qu'ils eurent à lutter contre les aventuriers venus de tous pays qui parcouraient en tous sens la côte nouvellement découverte, ravageaient la *contrée* pour y prendre des esclaves et se livraient à toutes sortes d'excès. Pour remédier à ces vexations, Juan de Ampiés reçut du roi d'Espagne la mission de fonder sur les rives du lac Maracaibo la ville de Coro (1527). Ampiés commençait à jouir des bénéfices que lui procurait le riche territoire dont il était *l'Adelantado* (gouverneur) lorsqu'il s'en vit expulsé par l'ordre même de l'empereur Charles-Quint. Celui-ci, dans le besoin d'argent, affermait sa colonie de Vénézuéla à une riche famille d'Allemands, les Welser, banquiers d'Augsbourg (2), et les laissait libres d'administrer le pays à leur guise (1528). Pendant près de vingt ans, les Allemands firent peser sur la population le joug le plus odieux; torturés par la soif de l'or, et sans cesse à la recherche du pays fortuné de l'Eldorado, ils s'épuisèrent dans de funestes expéditions, jusqu'à ce qu'enfin à bout de forces et de ressources ils se résignèrent à abandonner la colonie qui en 1546 retomba sous l'administration directe de Charles-Quint.

Le Vénézuéla resta jusqu'en 1811 sous la domination de l'Espagne (3). Grâce à la valeur et au patriotisme du libérateur Simon Bolivar (4), il conquit alors son indépendance, ainsi que la Nouvelle-Grenade, avec laquelle il forma la république de Colombie (1818). En 1831, il se séparait définitivement de la Colombie pour former une république indépendante que l'Espagne a reconnue en 1845.

Organisation politique. — Le Vénézuéla, peuplé de 2,323,500 habitants, se compose le huit états autonomes, d'un district fédéral, de huit territoires fédéraux et de deux colonies agricoles. La capitale de la République, *Caracas*, est située dans une charmante et fertile vallée, au pied de la Silla, à 922 mètres d'altitude. Fondée en 1567 par Diego Losada, elle a été désolée à diverses reprises par de cruelles épidémies, notamment en 1776. La plupart des édifices de l'ancienne ville furent détruits en 1812 par un tremblement de terre qui fit périr près de 10,000 personnes.

(1) Le mot *audiencia* indique une division géographique répondant à une province, dans les anciennes colonies espagnoles.

(2) Voir l'étude citée plus haut de L. Vincent et J. Humbert sur les Welser.

(3) Il faisait partie de la capitainerie générale de Caracas.

Les colonies espagnoles du nouveau monde étaient divisées en quatre vice-royautés : 1° Nouvelle-Espagne ou Mexique, 2° Nouvelle-Grenade, 3° Rio de la Plata, 4° Pérou, et en cinq capitaineries générales : 1° Chili, 2° Vénézuéla, 3° Guatemala, 4° Havane, 5° Porto-Rico.

(4) Voir l'étude de L. Vincent et J. Humbert sur : *Simon Bolivar, sa vie et son œuvre*. (Bulletin de la société de Géographie commerciale de Bordeaux, (année 1898, n°s 19-20.)

La ville actuelle, construite sur une double pente, est circonscrite

GROUPE DE CARAÏBES-HOMMES.

à l'ouest, au sud et à l'est par trois cours d'eau sinueux, tributaires du Guaire, et l'on voit de loin émerger de la splendide vallée du Chacao les blanches maisons de Caracas, entre lesquelles pointent, par intervalles, la couronne feuillue de quelques palmiers ou les formes élancées de grands saules, ressemblant à des peupliers, et dont le port est d'une rare élégance.

La topographie de la ville est des plus simples : la cathédrale métropolitaine peut être considérée comme point central; c'est là que viennent converger quatre grandes avenues d'où partent les rues parallèles qui au lieu de noms portent des numéros. Ce numérotage, fait à l'exemple de ce qui a lieu dans la plupart des villes du Nord-Amérique, est très précieux pour les étrangers et les personnes connaissant imparfaitement la ville.

Parmi les établissements principaux que possède la capitale du Vénézuéla, on doit mentionner l'Université, centre scientifique le plus important du pays, dans les dépendances de laquelle se trouvent des musées avec de magnifiques collections, et la bibliothèque nationale, riche de 30,000 volumes et d'éditions précieuses. Il faut aussi citer l'école polytechnique, une école de médecinet une école de droit, un collège d'ingénieurs, une école d'arts et métiers et une académie correspondante de l'Académie espagnole.

Les édifices les plus remarquables de Caracas sont : le palais du corps législatif, le palais fédéral, le Panthéon national avec le tombeau de Bolivar et le monument élevé à la mémoire du Libérateur et dû au ciseau du célèbre sculpteur Terenani; les ministères; la cathédrale métropolitaine, dont la construction remonte à la première moitié du dix-septième siècle; les églises de Las Mercedes, de Alta-Gracia, de Candelaria, l'hôtel de ville, la *Casa Amarilla*, ou maison jaune, résidence du Président de la République, le général Andrade; les théâtres Guzman-Blanco et de Caracas, l'imprimerie Nationale, la Monnaie, le Palais de Justice, l'Archevêché. Caracas possède aussi de magnifiques parcs et promenades : le parc Guzman-Blanco ne le cède en rien, par sa disposition, par son étendue et son agrément, aux jardins publics les plus réputés de nos capitales et de nos grandes villes d'Europe. Il faut encore citer la place Bolivar, très fréquentée par la population, la place Miranda, le parc de Carabobo et les jardins du Capitole avec leurs bassins, leurs fontaines et leurs délicieux massifs de fleurs et de verdure.

La population de Caracas, qui est de 72,000 habitants, est en grande partie d'origine espagnole, en dehors de l'appoint fourni par l'élément indien autochtone; on y trouve une société agréable et en général fort instruite. Les hommes, d'un abord un peu froid, sont au courant de toutes les questions littéraires et scientifiques actuelles. Les Caracayennes, en général fort jolies, sont de taille moyenne et ont des traits fins et délicats, animés de beaux yeux pleins de douceur et de vivacité. Leur visage est encadré dans la mantille castillane, relevée gracieusement sur la nuque et laissant voir leur opulente chevelure d'un noir de jais. Cette coiffure leur sied admirablement et elles perdraient certainement de leur cachet et de leurs grâces en l'abandonnant pour les produits de l'industrie parisienne, malgré tout l'art et le bon goût de nos modistes. On trouve chez la plupart des senoritas vénézuéliennes des yeux d'une couleur verdâtre, analogues aux yeux pers des déesses antiques, de ces yeux étranges qui varient, selon l'heureuse expression de Léon de Tinseau, de l'azur du ciel au reflet verdâtre des flots sans rivage.

Quatre lignes de chemins de fer partent de Caracas, dont l'une, celle qui relie la capitale au port de la Guayra, l'un des entrepôts les plus importants du commerce Vénézuélien, est particulièrement intéressante. Partant de la Guayra, la ligne parcourt d'abord quelques kilomètres à travers des plaines très fertiles, avant d'arriver à la montagne. La route est pittoresque et accidentée; à chaque pas on admire la hardiesse de la voie; des courbes audacieuses, sur les corniches où le train a passage tout juste, — des précipices, — des tunnels à peine soutenus par quelque maçonnerie, des tranchées étroites et élevées. Enfin, après avoir décrit de nombreux zigzags sur les flancs de la montagne, la ligne arrive à Catia, son point culminant (945 mètres d'altitude); et de là elle redescend à Caracas (922 mètres), où l'on arrive après un trajet d'environ trois heures.

Cette ligne des plus hardies a été inaugurée le 27 juin 1883, à l'occasion des fêtes du centenaire de la naissance de Bolivar. Depuis cette époque on a entrepris la construction de beaucoup d'autres lignes, d'un grand nombre de routes nouvelles, et l'accroissement du réseau télégraphique s'étend de jour en jour. C'est que les éléments féconds de richesse et de prospérité que possède le pays en agriculture, en élevage, en exploitations minières, et au double point de vue commercial et industriel, s'augmentent chaque année dans des proportions considérables.

Le Vénézuéla, avec son territoire presque trois fois plus grand en étendue que la France, offre un vaste champ d'activité à la colonisation moderne. Par sa situation géographique, à la tête du continent sud-américain, avec un littoral spacieux sur l'Atlantique, parsemé de ports naturels, de baies profondes, situé à une quinzaine de jours des ports européens, à trois journées des possessions françaises des Antilles, il semble appelé à devenir le centre naturel des grandes relations du nouveau continent et de l'ancien monde, et, sans le moindre doute, on peut le considérer comme le pays auquel un avenir prochain réserve les destinées les plus heureuses et les plus pacifiques, s'il n'est point victime des convoitises étrangères.

Instruction publique. — Lorsqu'on étudie l'histoire des anciennes colonies espagnoles dans le Nouveau Monde, on est frappé de l'extrême inégalité avec laquelles l'Espagne traita les pays soumis à sa domination. Plein d'égards et de sollicitude pour les uns, le gouvernement royal semble affecter vis-à-vis des autres la plus entière indifférence. Il confie les premiers à des gouverneurs actifs et intelligents, qui surent bien vite prendre contact avec ses populations indigènes, s'assurer de leurs besoins et travailler à la prospérité de la colonie. Aux derniers, au contraire, il envoie des mandataires inhabiles qui, ne prenant pour règle que leur caprice et se préoccupant peu du bien-être des peuples, ne firent que retarder les progrès et la civilisation des contrées qu'ils administraient.

Parmi les colonies les plus déshéritées, se trouva le Vénézuéla. C'est que ce dernier n'était, à l'époque indigène, qu'une réunion de tribus sauvages, sans aucun centre de gouvernement, sans industrie, sans monuments et sans arts.

De telles peuplades ne pouvaient offrir à la civilisation qu'un sol rebelle, et le conquérant eut tout à faire, depuis le défrichement et la culture de la terre, jusqu'à l'éducation et l'instruction de la tribu. Les métaux précieux, dont la possession fut toujours un stimulant pour le colonisateur, restèrent longtemps inexploités, ce qui contribua d'autre part à arrêter pendant des siècles l'avancement des populations Vénézuéliennes. L'Espagne elle-même se désintéressa de cette colonie; c'est ce qui explique qu'à la fin du dix-huitième siècle, l'enseignement public ne présentait encore au Vénézuela qu'une organisation bien imparfaite.

Le zèle et les efforts isolés des esprits intelligents n'avaient pu triompher du mauvais vouloir du gouvernement espagnol, du manque d'initiative des gouverneurs et de l'indifférence du peuple, chez qui l'absence du sentiment patriotique était un obstacle à tout perfectionnement moral et intellectuel. L'ignorance la plus grande continuait à régner dans les campagnes; bien rares étaient ceux qui connaissaient seulement leur alphabet, et les quelques écoles primaires qui existaient dans les bourgades les plus importantes du pays n'étaient même pas sous la surveillance des autorités. Dans la capitale, l'enseignement supérieur était livré à la routine et aux préjugés importés d'Espagne et que la métropole elle-même avait reçus en héritage de la vieille scolastique du moyen âge.

Beaucoup de latin, parce que la connaissance de cette langue était nécessaire pour l'état ecclésiastique, la jurisprudence civile et canonique et la pratique de la médecine, une philosophie et une théologie qui se réduisaient à des disputes stériles, à des argumentations creuses et quelquefois violentes, une médecine qui n'était que vaines théories, questions purement spéculatives et où la pratique ne tenait aucune place, voilà ce qui faisait le fond de l'enseignement de l'Université. L'éducation scientifique en était totalement absente, et, si l'on y discutait quelquefois sur les choses de la nature, c'était pour les traiter métaphysiquement, c'est-à-dire superficiellement, sans jamais essayer de soulever le voile qui les cache à nos yeux.

Cependant de nouvelles idées commençaient à germer, et les

LA NAVIGATION AU MOYEN D'UN CHAMPAU SUR LA MAGDALENE.

Dessin de M. Chaffanjon.

réformes se préparaient. Elles commencèrent dès 1794 par l'instruction primaire. Cette année-là, un savant directeur d'école, Simon Rodriguez, qui avait été le maître de Bolivar, présenta à la municipalité de Caracas un mémoire intitulé : *Reflexiones sobre los defectos que vician la esculæ de primeras letras de Caracas y medio de lograr su reforma por un nuevo establecimiento*. Le manuscrit fut étudié sérieusement par tous les membres du conseil, et, le 25 juin 1795, ils votaient l'augmentation du nombre des écoles, décrétant qu'on en établirait une dans chaque paroisse. De plus, ils accordaient à Rodriguez un témoignage écrit de l'estime en laquelle ils tenaient ses services et ses bons offices envers la jeunesse caraquenaise (1).

Ce même Rodriguez quittait Caracas en 1796 pour suivre Bolivar qu'il accompagna dans ses voyages en Europe, de 1803 à 1807. Il devint l'ami vénéré de son élève, et quand le Libérateur fut arrivé au sommet de la gloire, il se plut à reconnaître et à honorer Rodriguez comme le conseiller de son enfance.

Ce n'est pas seulement dans l'enseignement primaire que des réformes s'accomplissaient; il s'en préparait également dans l'Université, grâce aux efforts de Marrero, Escalona, Montenegro et autres jeunes gens illustres qui, poussés par les nécessités de la civilisation, commençaient la propagande des idées nouvelles. Le sentiment national s'éveilla en même temps que se développa le commerce avec les nations étrangères et que s'introduisirent dans le pays les journaux d'Europe, apportant avec eux comme un souffle de liberté et d'émancipation. Enfin, le Vénézuéla prit un contact plus direct avec l'ancien monde par l'intermédiaire des voyageurs illustres et des naturalistes célèbres qui vinrent en Amérique à la fin du dix-huitième siècle. Il n'est pas un Vénézuélien instruit qui ne garde un souvenir reconnaissant du séjour que fit à Caracas, de 1799 à 1800, le savant allemand Alexandre de Humboldt; quelques-uns même ont voué à sa mémoire un véritable culte (2). C'est qu'en effet Humboldt a exercé sur le développement de l'instruction à Caracas une influence des plus salutaires. C'est grâce à son arrivée que la curiosité scientifique s'éveilla chez les Caraquenais. Il nous a raconté lui-même comment, dès qu'il fut débarqué, ses instruments scientifiques et astronomiques furent remarqués et admirés; un franciscain surtout n'en pouvait rassasier sa vue, et le lendemain grande fut la surprise du voyageur quand il vit sa maison se remplir de tous les religieux de Saint-François, qui accouraient pour voir une boussole d'inclinaison.

La correspondance qu'entretint Humboldt avec le docteur Montenegro est un magnifique témoignage des tendances nouvelles et des aspirations de la jeunesse caraquenaise d'alors, de cette génération que la Providence préparait à jouer un si grand rôle dans les destinées de la patrie vénézuélienne. Monténégro désirait ar-

(1) Voir les *Actes de la municipalité de Caracas*, année 1795.
(2) Voir Aristide Rojas. *Recuerdos de Humboldt*.

demment voir s'implanter dans l'Université de son pays une instruction vraiment scientifique, et il demande au savant allemand des indications sur la manière dont s'enseignent en Europe les mathématiques, la physique, la chimie. Humboldt lui donne de longs détails sur la méthode d'enseignement de ces sciences, et il lui indique les noms des professeurs célèbres d'Allemagne, de France et d'Espagne auxquels il faut recourir (1).

Bien des anneés devaient encore s'écouler avant que ces réformes tant désirées fussent définitivement réalisées. Longtemps le développement de l'instruction fut retardé par la Révolution et les guerres de l'Indépendance, et ce n'est qu'après 1830 que l'enseignement public put entrer résolument dans une ère de réformes et de progrès toujours croissants. Bolivar avait bien compris que l'instruction est la principale force d'un état libre; aussi, en 1827, traçait-il un plan complet d'études pour le Vénézuéla; mais les idées du Libérateur ne devaient recevoir une entière solution qu'après la séparation du Vénézuéla d'avec la Colombie.

L'année même où le Vénézuéla secouait le joug de l'Espagne, en 1810, on décrétait la fondation, à Caracas, d'une Académie militaire de mathématiques (2), où seraient admis de préférence les militaires et leurs fils depuis l'âge de douze ans jusqu'à celui de trente-deux, et après eux les jeunes gens de toutes les classes de la société qui désireraient étudier les sciences mathématiques. Mais cette académie ne fut réellement constituée que vingt ans plus tard. Pendant les dernières années de l'ancienne république de Colombie, les mathématiques furent enseignées à Caracas par un professeur distingué, le señor Rafael Acevedo. C'est grâce à son initiative que l'Académie de mathématiques fut installée définitivement dans l'ancienne chapelle du Séminaire; elle s'ouvrit le 4 novembre 1831 sous la sage direction du célèbre Don Juan Manuel de Cajigal.

Immédiatement après la révolution de 1830, l'enseignement des écoles et de l'Université s'émancipa de ces vieilles traditions routinières; on commença à étudier à Caracas la philosophie de Locke et de Condillac, la physique de Bacon et de Newton; la chimie reçut une place à côté des mathémathiques, et l'étude de la médecine prit un essor nouveau sous l'habile impulsion de Vargas. Les beaux-arts ne furent point négligés et une Académie de peinture fut bientôt créée. Mais l'établissement qui devait jouer dans le cours du dix-neuvième siècle le rôle le plus important fut le collège de l'Indépendance. Il devint un puissant auxiliaire de l'enseignement supérieur en toutes ses branches et favorisa ce cou-

(1) Voir une de ces lettres dans A. Rojas, *Origenes Venezuelanos*, p. 326 et suiv.

(2) La *Gaceta de Caracas* du 7 septembre 1810 publiait le décret de fondation.

rant d'instruction qui alla sans cesse en grossissant jusqu'à l'époque actuelle, où l'Université s'est encore enrichie de chaires nombreuses, et principalement de chaires de sciences naturelles, d'histoire et de grec.

Une des causes qui contribuèrent le plus à élever le niveau intellectuel de la population vénézuélienne fut l'organisation des bibliothèques et surtout la création à Caracas de la Bibliothèque nationale. Dès le dix-septième siècle, les bibliothèques des couvents, en particulier de ceux de Saint-Hyacinthe et de Saint-François, puis celle du séminaire Tridentino, riche surtout en classiques anciens et en œuvres relatives à l'histoire de l'Amérique, étaient d'importants centres de lecture ouverts à la jeunesse caraquenaise (1). Mais à côté de ces bibliothèques qui avaient déjà un caractère semi-officiel, des particuliers amis de la science avaient rassemblé chez eux des livres rares, des éditions remarquables. Parmi ces bibliothèques privées, qu'Humboldt fréquenta et où il puisa de précieux renseignements, les plus riches étaient celles de : Roscio, Yanes, Espejo, Sanz, Blandin, Montenegro, Maya, Sierra, Escalona, Quintana, à Caracas, et celle de Peñalver à Valencia. Malheureusement, la plupart de leurs volumes ont disparu pendant les troubles de la Révolution, et quelques livres de Roscio, Quintana et Sierra ont seuls été conservés.

La première idée relative à l'établissement d'une bibliothèque nationale remonte à l'année 1810, et le principe en fut adopté par le gouvernement provisoire des senores Roscio, Blandin et Tovar. Mais les onze années de la *guerra magna* (1810-1821) rejetèrent ce projet dans l'ombre. En 1827 se fondait la petite Bibliothèque de l'Université, dotée presque aussitôt de livres que lui léguèrent par dispositions testamentaires le Libérateur et le général Miranda. Le premier de ces legs consistait en deux ouvrages qui avaient appartenu à Napoléon le Grand et dont sir Robert Wilson avait fait présent à Bolivar; le second comprenait des livres classiques qui avaient servi à Miranda pour ses études. Ces deux legs sont les souvenirs historiques les plus remarquables que possède actuellement la Bibliothèque Nationale de Caracas.

Un décret du 17 juillet 1838 créait la Direction générale de l'Instruction publique, composée des senores Vargas, Diaz et Bracho, avec Cajigal comme suppléant et J.-A. Freire comme secrétaire. Le zèle intelligent de ces habiles administrateurs devait hâter l'installation à Caracas d'une grande bibliothèque, et ils furent aidés dans leur œuvre par les jeunes gens illustres de la capitale. Ceux-ci formèrent en 1839 une ligue, sous la dénomination de *Liceo Venezolano*, et élurent une commission composée de Teófilo Rojas,

(1) V. notre premier article sur l'Instruction publique au Vénézuéla. — *Bulletin* de la Société de géographie commerciale de Bordeaux du 7 juin 1897, page 245.

Cristóbal Mendoza, Aniceto Rivero, Manuel Ancizar, Hilarion Na-

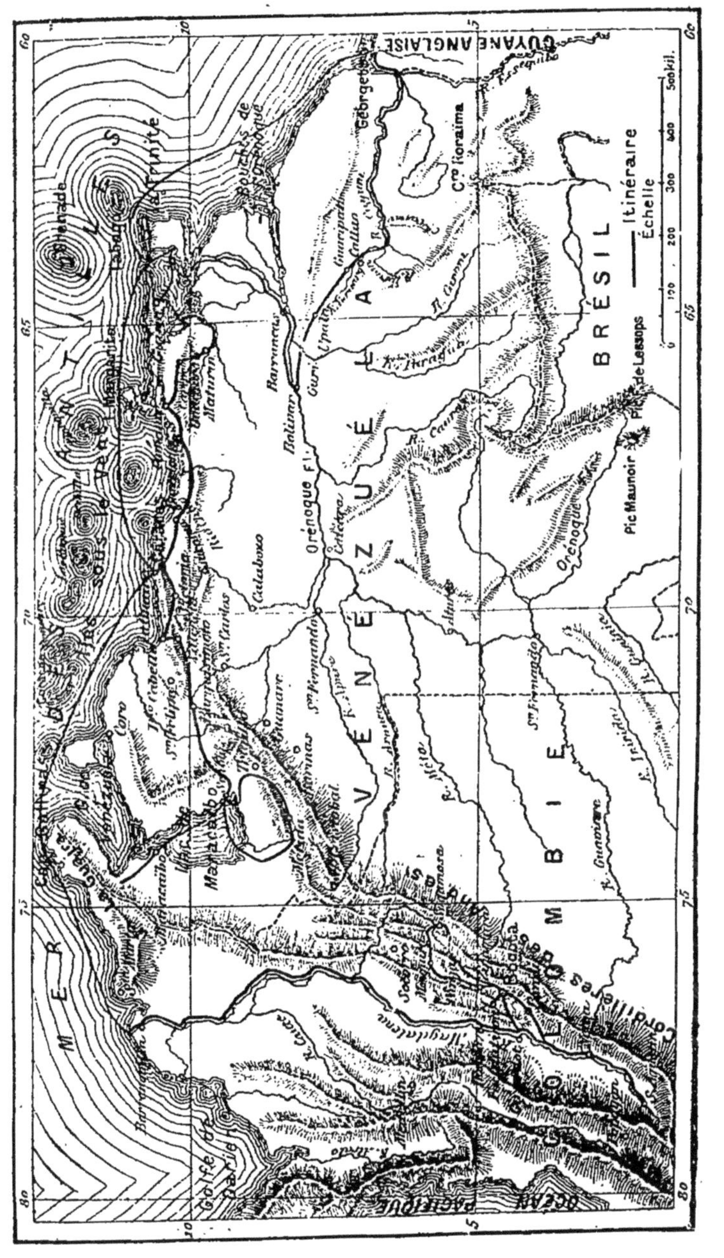

CARTE PHYSIQUE DU VÉNÉZUÉLA.

dal, Juan José Aguerrevere et Olegario Meneses, qui serait chargée de faire une propagande active auprès de tous les amis du progrès, et de recueillir tous les dons qu'ils pourraient obtenir, soit en argent, soit en livres, à l'effet d'avoir un premier fonds pour la création d'une bibliothèque. En 1841 le Liceo possédait déjà 2,000 volumes et 2,000 pesos, et en 1843 le Gouvernement lui accordait l'autorisation d'ouvrir une bibliothèque au public pendant deux heures par jour. Enfin, le 25 janvier 1850, le Gouvernement du général José Tadeo Monagas décréta que cette bibliothèque serait soumise à l'inspection du Rectorat de l'Université et de la Direction de l'Intruction publique, et placée dans le local du Collège de l'Indépendance. Un bibliothécaire était institué avec le traitement de 50 pesos par mois, et un sous-bibliothécaire avec lui de 25. La Bibliothèque nationale était définitivement fondée.

En 1870 le général Guzman Blanco fonda le Musée national, et en 1874 il ordonna que la Bibliothèque nationale qui contenait, outre le fonds qui lui était propre, les ouvrages des anciens couvents disparus, du Séminaire, de l'Académie de mathématiques, etc. devînt une annexe de l'Université centrale de Vénézuéla (1). Elle renferme aujourd'hui plus de 30,000 volumes.

Nous venons de citer un nom célèbre, non seulement dans les annales politiques du Vénézuéla, mais encore dans l'histoire de l'instruction publique. Le président Blanco, en effet, fut le grand organisateur de l'enseignement et, en décrétant, en 1870, l'instruction primaire, gratuite et obligatoire, il fit pour son pays ce que Jules Ferry fit pour la France.

Guzman Blanco a trouvé de dignes successeurs, et la voie de progrès qu'a suivie l'enseignement, tant sous la présidence d'Andueza Palacio que sous les deux présidences du général Crespo, témoigne des soins qu'ont pris ces magistrats pour instruire leurs concitoyens, et en même temps des sacrifices que l'État n'a pas hésité à s'imposer pour cette noble cause. Un résumé de ce qu'est aujourd'hui l'instruction au Vénézuéla en dira plus que tous les raisonnements.

De nos jours l'instruction primaire est donnée au Vénézuéla dans deux catégories d'écoles : 1° les écoles fédérales, fondées en 1872 et qui dépendent du gouvernement central; 2° les écoles municipales et privées. Il y a dans la République 1,312 écoles fédérales comprenant 80,900 élèves, et 645 écoles municipales avec 18,566 élèves; en tout 1,957 écoles avec 99,466 élèves. Si l'on remarque qu'en 1830 il n'y avait que 200 écoles avec 7,500 élèves, en 1870, 300 écoles avec 10,000 élèves, on jugera du progrès accompli.

L'instruction secondaire et supérieure comprend : l'Université centrale de Caracas et l'Université de Mérida, 6 collèges de pre-

(1) Depuis 1874 la Bibliothèque Nationale s'est encore enrichie de nombreux dons et d'acquisitions, comme la bibliothèque donnée par le Dr Eliseo Acosta, et celle de l'ancien président de la République, le Dr Raimundo Anduesa Palacio, acheta au Dr Fernando Arvelo.

mière catégorie et 14 de seconde, 4 écoles normales, 9 collèges nationaux pour jeunes filles, une école polytechnique, une école d'arts et métiers, une école de marine, 3 écoles de télégraphie, un collège d'avocats, un de médecins et un d'ingénieurs. Ajoutons que Caracas est le siège d'une académie de Beaux-Arts, d'une académie correspondante de l'Académie espagnole et d'autres instituts remarquables.

En résumé, voici un tableau de l'instruction générale dans les États-Unis du Vénézuéla :

ÉTABLISSEMENTS D'INSTRUCTION		MAITRES et PROFESSEURS	ÉLÈVES	ÉLÈVES par 1000 hab. de 5 à 15 a.	DÉPENSES ANNUELLES
					bolivares (1)
Primaire........	1,957	2,279	99,466	452	3,259,619
Supérieure......	68	594	4,380	29	819,016
Totaux...	2,025	2,873	103,846	481	4,078,635

Si l'on comparait le budget de l'instruction publique du Vénézuéla avec celui des autres nations, on trouverait que le Vénézuéla consacre à l'enseignement 8,3 pour 100 de ses revenus, tandis que la France ne dépense que 5,4 pour 100, l'Allemagne 5,3 pour 100, et les Pays-Bas, qui sont le peuple d'Europe qui emploie la plus grande somme de son budget à l'instruction, 8,2 pour 100. On voit par là que le Vénézuéla tient le premier rang parmi les nations les plus civilisées. Toutefois le gouvernement n'a pas encore pu triompher complètement de l'indifférence du peuple des campagnes; la moitié à peine des enfants et jeunes gens reçoivent l'instruction, et le Vénézuéla ne compte par 1,000 habitants que 47 élèves, tandis que l'Allemagne en compte 157, la France 133, la Grande-Bretagne 123, l'Espagne 106, l'Italie 73. Mais la ville de Caracas et le district fédéral s'élèvent bien au-dessus du niveau commun : ils comprennent 165 élèves pour 1,000 habitants, c'est-à-dire un nombre bien supérieur à la France, à l'Allemagne et à tout autre pays (2).

C'est sur cette dernière constatation que nous désirons laisser le lecteur. N'est-il pas merveilleux que, partie de si humbles débuts, l'instruction soit arrivée au Vénézuéla à un tel développement? et n'est-ce pas là un noble exemple pour les nations de la vieille Europe? La ville de Caracas est une de nos sœurs lointaines

(1) Le *bolivar*, unité monétaire du Vénézuéla, équivaut à un franc.
(2) Pour une statistique plus complète, voir la *Notice politique, statistique, commerciale, etc., sur les Etats-Unis du Vénézuéla*, publiée à Paris par la librairie Paul Dupont.

dont les aînés peuvent être fiers. En retraçant cette étude nous avons appris à aimer et à admirer davantage ce peuple chez qui tout est énergie et vaillance, et l'histoire de l'instruction publique au Vénézuéla représente une des plus belles phases dans les annales de l'intelligence humaine et de l'esprit moderne.

Dr L. Vincent et J. Humbert.

INDIGÈNES DU VÉNÉZUÉLA.

www.ingramcontent.com/pod-product-compliance
Ingram Content Group UK Ltd.
Pitfield, Milton Keynes, MK11 3LW, UK
UKHW012125240726
13965UKWH00005B/1978